TABLEAU

DES FF∴

Qui composent la R∴ L∴ de S∴ J∴ de J∴,

SOUS LE TITRE DISTINCTIF

DE LA VÉRITÉ,

Séante à l'O∴ du Cap-Français, île St-Domingue, régulièrement constituée par le G∴ O∴ de France, à la Saint Jean 5801.

Hic fides, et pax, et honos, pudorque.
Hor. Carm. Sec.

AU CAP-FRANÇAIS,

DE L'IMPRIMERIE DE P. ROUX.

DE LA VÉRITÉ

AU CAP-FRANÇAIS

OFFICIERS DIGNITAIRES.

VÉNÉRABLE.

Jean Ferrié, réédificateur, docteur en médecine, né à Montpellier, âgé de 53 ans, ancien vénérable de la R∴ L∴ la Nouvelle Alliance, O∴ du Fort-Liberté, et de celle de la Vérité pendant sa session à l'O∴ de Baltimore et à l'O∴ du Cap-Français, R∴ ✳∴

Premier Surveillant.

Jean Faucher, réédificateur, négociant, né à Soumensac, département du Lot et Garonne, âgé de 50 ans, enfant et ancien vénérable de la R∴ L∴ de la Vérité, pendant sa session à l'O∴ de Baltimore, R∴ ✳∴

Second Surveillant.

Blaise - Philippe Lapeyre, réédificateur, garde - magasin principal de la Marine au Cap-Français, né audit lieu, âgé de 37 ans, M∴ de la R∴ L∴ la Céleste Amitié, O∴ du Dondon, R∴ ✳∴

Ex-Maître.

Joseph-Yves Bizoüard, contrôleur en chef de la marine et des colonies de St-Domingue, né à l'Isle Sous - Mont - Réal, près Avalon, département de la Côte d'Or, âgé de 44 ans, M∴ de la R∴ L∴ Saint Pierre, O∴ de

Paris, ancien vénérable de la R∴ L∴ de la Vérité, et M∴ honoraire de plusieurs L∴, R∴ ✳∴

Orateur.

Jean-Baptiste-Toussaint Maureau, notaire public, né au Cap-Français, enfant de la R∴ L∴ de la Vérité, âgé de 52 ans, fondateur de la R∴ L∴ la Candeur, Nº 12, à l'O∴ de Charleston, Caroline du Sud, et M∴ honoraire de ladite L∴, R∴ ✳∴

Secrétaire.

Alexandre-Jean Conrard Durousseau Ferriere, réédificateur, habitant, né à Jérémie, île Saint-Domingue, âgé de 31 ans, M∴ de la R∴ L∴ l'Aménité, Nº 73, O∴ de Philadelphie, R∴ ✳∴

Trésorier.

Jean-Claude Sulauze fils, négociant, né au Cap-Français, âgé de 29 ans, enfant de la R∴ L∴ de la Vérité, M∴ El∴

Premier Expert.

Jacques-Philippe Buriat, réédificateur, brodeur et dessinateur, né à Saint-Paris, département de la Nièvre, âgé de 50 ans, M∴ de la R∴ L∴ de Sion, O∴ du Cap, et ancien vénérable, fondateur de la R∴ L∴ la Parfaite Union, O∴ de Philadelphie, R∴ ✳∴

Second Expert.

François Guizard, réédificateur, officier de santé, né au Cayla, près de Nîmes, département du Gard, âgé de 43 ans, enfant de la R∴ L∴ de Sion des Frères de la Véritable Egalité, O∴ du Cap-Français, fondateur et officier dignitaire de la R∴ L∴ la Parfaite Union, O∴ de Philadelphie, R∴ ✳∴.

Garde des Sceaux et Archives.

Pierre Chauveau, réédificateur, négociant, né à Nantes, département de la Loire Inférieure, âgé de 47 ans, M∴ de la R∴ L∴ de la Liberté, à l'O∴ de Charleston, R∴ ✳∴.

Architecte.

Jean-Baptiste Guillemon, réédificateur, chef de brigade, directeur de l'artillerie de Saint-Domingue, né à Paris, département de la Seine, âgé de 52 ans, M∴ du G∴ Ch∴ Gén∴ de France, R∴ ✳∴.

Maître des Cérémonies.

Louis Marette, réédificateur, négociant, né à la Louisiane, âgé de 37 ans, M. de la R∴ L∴ la Réunion des Cœurs Sans Fard, O∴ du Cap-Français, R∴ ✳∴.

Hospitalier.

Antoine Bernard, M∴ affilié, maître sellier, né à Yverny, près de Meaux en Brie, âgé de 59 ans, M∴ Ec∴.

Économe.

Robert-Landon Duhamel , réédificateur , négociant , né à Nonant , département de l'Orne , âgé de 26 ans , M∴ de la R∴ L∴ l'Aménité , O∴ de Philadelphie , M∴ El∴

Frère Terrible.

André-Pantaléon Follin jeune , M∴ affilié , négociant , né au Cap-Français , âgé de 34 ans , M∴ de la R∴ L∴ les Amis Réunis , N° 16 , O∴ du Môle Saint-Nicolas , R∴ ✳∴

A D J O I N T S

A l'Orateur. Sébastien Lefresne , réédificateur , sous-commissaire de Marine , né à Houdan , département de Seine et Oise , âgé de 47 ans , M∴ de la R∴ L∴ l'Union Parfaite , O∴ de la Rochelle , M∴ Ec∴

Au Secrétaire. Nicolas Saillard , commissaire de Marine , né à Paris , âgé de 45 ans , enfant de la R∴ L∴ de la Vérité , M∴ P∴

Au Secrétaire. Jean-François-Auguste Naudin , greffier-commis du Tribunal civil , né à Paris , département de la Seine , âgé de 27 ans , enfant de la R∴ de la Vérité , M∴

Au Maître des Cérémonies. Charles-Cézar Télémaque , juge de paix de la commune du Cap-Français , né à l'île de Saint-Pierre de la Martinique , âgé de 61 ans , enfant de la R∴ L∴ de la Vérité , O∴ du Cap-Français , M∴ Ec∴

MEMBRES RÉSIDANS.

Pierre-René Cormeaux, réédificateur, doyen des notaires publics, né au Port-Malo, âgé de 64 ans, ancien vénérable de la R∴ L∴ de la Vérité, O∴ du Cap-Français, R∴ ✳∴

Antoine Coupigny, réédificateur, notaire public, né au Cap-Français, âgé de 52 ans, enfant de la R∴ L∴ de la Vérité, et son ancien vénérable, R∴ ✳∴

Thomas Crouzeilles, réédificateur, négociant né à la Guyane, département des Landes, âgé de 53 ans, M∴ de la R∴ L∴ Provinciale la Sagesse, O∴ de Porstmouth en Virginie, et M∴ honoraire de plusieurs L∴ R∴ ✳∴

Paul Coupigny, réédificateur, négociant, né au Cap-Français, âgé de 59 ans, M∴ de la R∴ L∴ Ecossaise, O∴ du Cap-Français, R∴ ✳∴

Louis-Marie-Pierre Letourneux Duraciné, sous-commissaire de Marine, et contrôleur des douanes de l'arrondissement des Cayes, né à Nantes, département de la Loire Inférieure, âgé de 43 ans, enfant de la R∴ L∴ de St-Germain, O∴ de Nantes, M∴ honoraire de plusieurs L∴, R∴ ✳∴

Joseph-Robert-Eustache Bunel, payeur général de St-Domingue, né à Pont-Audemer, département de l'Eure, âgé de 48 ans, ancien vénérable de la R∴ L∴ de St-Jean d'Écosse, O∴ de Lyon, R∴ ✳∴.

Joseph Ventron, négociant, né à Marseille, âgé de 35 ans, M∴ de la R∴ L∴ la Parfaite Amitié, O∴ de Marseille, et M∴ honoraire de la R∴ L∴ les Amis Réunis, O∴ du Môle, R∴ ✳∴.

François Guitard, directeur de l'Hôpital militaire, né à Bordeaux, département de la Gironde, âgé de 41 ans, M∴ de la R∴ L∴ les Cœurs Réunis, O∴ de Bordeaux, et fondateur de la R∴ L∴ la Parfaite Égalité, O∴ du Port-de-Paix, R∴ ✳∴.

Saint-Martin Souverbie, réédificateur, négociant, né au Port-de-Paix, île Saint-Domingue, âgé de 29 ans, M∴ de la R∴ L∴ l'Aménité, N° 73, O∴ de Philadelphie, P∴ D∴ J∴.

Arnaud Lavaud, réédificateur, habitant, né à Bordeaux, département de la Gironde, âgé de 27 ans, M∴ de la R∴ L∴ l'Aménité, O∴ de Philadelphie, Ch∴ d'O∴.

Bertrand Lange jeune, réédificateur, négociant, né à Bayonne, département des Basses-Pyrénées, âgé de 33 ans, M∴ de la R∴ L∴ la Sagesse, O∴ de Portsmouth en Virginie, Ch∴ d'O∴.

François-Régis Brard, négociant, né à Saint-Pierre de la Martinique, âgé de 44 ans,

M∴ de la R∴ L∴ l'Amitié , O∴ de Bordeaux , Ch∴ d'O∴

Bernard Castaing, négociant, né à Bordeaux, département de le Gironde , âgé de 41 ans, enfant de la R∴ L∴ l'Étoile Flamboyante, O∴ de Bordeaux , Ch∴ d'O∴

Robert Macdowell, M∴ affilié, âgé de 27 ans, né à Dublin en Irlande, M∴ de la R∴ L∴ les Amis Réunis, à l'O∴ du Môle Saint-Nicolas , Ch∴ d'O∴

Étienne Vivès, réédificateur , négociant , né au Mont-de-Marsan, département des Landes, âgé de 34 ans, M∴ de la R∴ L∴ la Parfaite Union, O∴ de Philadelphie , Ch∴ d'O∴

Josiah Lewden , réédificateur , négociant, né à Christiana, État de la Delaware [États-Unis] âgé de 31 ans, M∴ de la R∴ L∴ Saint-Louis, Nº 52, O∴ de Philadelphie , M∴ Ec∴

François Gerbier , M∴ affilié , négociant , né à Rennes , département de la Vilaine , âgé de 33 ans , M∴ de la R∴ L∴ l'Intimité , O∴ du Port-de-Paix , M∴ Ec∴

François Caille, réédificateur , négociant , né à Saumur en Anjou , âgé de 30 ans , enfant de la R∴ L∴ de la Vérité , M∴ Ec∴

Jean-Baptiste Corneille jeune , menuisier, né au Cap-Français, âgé de 49 ans , enfant de la R∴ L∴ de la Vérité , M∴ Ec∴

Nicolas Tiphaine, habitant, M∴ affilié, né à Lions-la-Forêt, département de la Seine Inférieure, âgé de 60 ans, M∴ Ec∴.

Armand-Michel-Ange Guillet, négociant, né au Cap-Français, âgé de 35 ans, enfant de la R∴ L∴ de la Vérité, M∴ El∴.

Armand-Joseph Joslé, officier d'administration, né à Poitiers, département de la Vienne, âgé de 30 ans, enfant de la R∴ L∴ de la Vérité, M∴ El∴.

Marie Michel, M∴ affilié, peintre, né à Paris, département de la Seine, âgé de 35 ans, M∴ El∴.

Joseph Picard, négociant, né au Cap-Français, âgé de 55 ans, enfant de la R∴ L∴ de la Vérité, M∴ El∴.

Honoré Sire, négociant, né à Marseille, âgé de 50 ans, enfant de la R∴ L∴ de la Vérité, M∴ El∴.

Jean Villeneuve, négociant, né à Castres en Languedoc, âgé de 27 ans, enfant de la R∴ L∴ de la Vérité, M∴ El∴.

Julien Aussant, négociant, né à Montour, département de l'Isle et Vilaine, âgé de 42 ans, enfant de la R∴ L∴ de la Vérité, M∴ El∴.

Antoine Ménoire, maître tailleur, né au Cap-Français, âgé de 33 ans, M∴ affilié, enfant de la R∴ L∴ de la Réunion des Cœurs Sans Fard, M∴ El∴.

Mathieu Thevin, orfèvre et bijoutier, âgé de 30 ans, né à Jonzac, département de la Charente Inférieure, M∴ affilié, enfant de la R∴ L∴ la Parfaite Union, O∴ de Philadelphie, M∴ El∴.

Antoine Desfoss, marchand chapelier, né à Alby, département du Tarn, âgé de 37 ans, enfant de la R∴ L∴ des Vrais Amis Réunis, O∴ de Toulouse, M∴ P∴.

Joseph - Antoine Idlinger, réédificateur, adjudant-général de l'armée de St-Domingue, faisant partie de l'état-major général, remplissant les fonctions d'ordonnateur de la Marine et des Guerres du déparsement du Nord, né à Boulogne-sur-Mer, âgé de 48 ans, M∴ de la R∴ L∴ les Amis Réunis, O∴ du Môle Saint-Nicolas, M∴ P∴.

Jean-Séverin Gaudin, réédificateur, habitant, né à Masgarnié, près de Toulouse, âgé de 50 ans, M∴ P∴.

Henry Sulauze père, réédificateur, président de l'Administration municipale du Cap, né à Deyguières, département des Bouches du Rhônes, âgé de 57 ans, M∴ de la R∴ L∴ Écossaise, O∴ d'Avignon, M∴ P∴.

François Biraben, directeur de la douane, M∴ affilié, né à Pau, département des Basses-Pyrénées, âgé de 43 ans, M∴ P∴.

Bernard-Louis-Édouard Lavaud, réédificateur, habitant, né à Bordeaux, département

de la Gironde, âgé de 24 ans, M.·. de la R.·.
L.·. l'Aménité, O.·. de Philadelphie, M.·.

Nicolas-Marie Devillaines, négociant, né à
Châtre, département de l'Indre, âgé de 28 ans,
enfant de la R.·. L.·. de la Vérité, M.·.

Jean-Baptiste-Louis Besson, défenseur offi-
cieux, né à Ollioules, département du Var, âgé
de 43 ans, enfant de la R.·. L.·. de la Vérité, M.·.

Jean-Baptiste Snaers, marchand chapelier,
né à Bruxelles en Brabant, âgé de 34 ans,
enfant de la R.·. L.·. de la Vérité, M.·.

Pierre - Calixte Petriat, négociant, né à
Orthez, en Bearn, âgé de 36 ans, enfant de la
R.·. L.·. de la Vérité, M.·.

MEMBRES ABSENS.

Jean-Baptiste Dumaine, réédificateur, né à
Blaye, département de la Gironde, âgé de 48
ans, président du S.·. Ch.·. de la Concorde,
O.·. de Versailles, et de la Chambre Philo-
sophique des Trois Couleurs, Ch.·. G.·.

Edme Ducatel, chimiste, né à Auxerre en
Bourgogne, âgé de 44 ans, vénérable de la
R.·. L.·. de la Vérité, pendant sa session à
l'O.·. de Baltimore R.·. ✱.·.

François Terreblanque, greffier du Tribunal
de Commerce, né à Salagnac, département de
la Dordogne, âgé de 50 ans, enfant de la R.·.
L.·. de la Vérité, M.·.

Charles - Claude Boudinet , né à Nevers , département de la Nièvre , âgé de 43 ans , enfant de R∴ L∴ de la Vérité , M∴

Auguste Dupaty , enfant de la R∴ L∴ de la Vérité , habitant , né à Bordeaux , département de la Gironde , âgé de 24 ans , Comp∴

Alexandre Bayeux , enfant de la R∴ L∴ de la Vérité , habitant , né au Port-Louis , âgé de 31 ans , Comp∴

Deveze , à Paris , député du S∴ Ch∴ et la R∴ L∴ de la Vérité , au G∴ O∴ de F∴ , Off∴ du G∴ O∴ , R∴ ✻∴

Fondeviolles , à Paris , député du S∴ Ch∴ et de la R∴ L∴ de la Vérité , au G∴ O∴ de F∴ , Off. du G∴ O∴ , R∴ ✻∴

Frère Servant.

Jean-Louis Tessier , enfant de la R∴ L∴ de la Vérité , né au Haut-du-Cap , île Saint-Domingue , âgé de 39 ans , M∴

Adresse de la R∴ L∴

Au citoyen Ferrié , docteur en médecine ,

Au Cap-Français.

Croisez l'adresse.

Travaux d'obligation.

La R∴ L∴ s'assemble tous les premier et quinze de chaque mois , en son local ordinaire , rue de la Montagne.

Par Mandement de la R∴ L∴

Duroureau Ferrière

R∴ F∴

TABLEAU

DES Membres du S∴ Ch∴ DE SAINT-
JEAN, sous le titre distinctif de LA
VÉRITÉ, à l'O∴ du Cap-Français,
île Saint-Domingue.

―――――――

TT∴ PP∴ FF∴

Joseph - Yves Bizoüard.
Blaise - Philippe Lapeyre.
Antoine Coupigny.
A. J. Conrard Durousseau Ferrière.
Louis Marette.
Pierre Chauveau.
François Guizard.
Pierre - René Cormeaux.
Jean Ferrié.
Jean - Baptiste Guillemon.
Jean Faucher.
Jacques - Philippe Buriat.
Jean - Baptiste - Toussaint Maureau.
Thomas Crouzeilles.
Paul Coupigny.
François Guitard.
Joseph Raynery.
André - Pantaléon Follin jeune.
Joseph Ventron.
L. M. P. Letourneux Duraciné (aux Cayes).
Edme Ducatel (à Baltimore).

Adresse du S∴ Ch∴.

Au citoyen Bizoüard , contrôleur en chef de la marine de la colonie de St-Domingue ,

Au Cap - Français.

Croisez l'adresse.

Au citoyen Bizoüard , contrôleur en chef de la marine de la colonie de St-Domingue ,